Inhalt

IT-Security - Biometrische Sicherheitssysteme sind auf dem Vormarsch

Kernthesen

Beitrag

Fallbeispiele

Zahlen und Fakten

Weiterführende Literatur

Impressum

IT-Security - Biometrische Sicherheitssysteme sind auf dem Vormarsch

Autor GENIOS BranchenWissen: M. Westphal

Kernthesen

- Die Bevölkerung sucht aufgrund der Furcht vor terroristischen Attentaten aber auch wachsender Anzahl von Passwörtern für sensible Anwendungen nach biometrischen Sicherheitsverfahren.
- Die deutsche Industrie ist auf diesem Gebiet führend.
- Flughäfen, Online-Banking und die Einführung von E-Pässen sind derzeit die wesentlichen Treiber der Biometrie-Entwicklung.

Beitrag

Die Ereignisse des September 2001 haben zu einem wachsenden Sicherheitsbedürfnis geführt. Aber auch die wachsende Nutzung des Internets führt zu dem Ruf nach der großflächigen Einführung biometrischer Verfahren.

Die Biometrie gewinnt als anerkanntes Sicherheitsverfahren an Bedeutung

Biometrie ist ein Begriff aus der Human- und Veterinärmedizin und bezeichnet die Vermessung von Lebewesen mit Hilfe quantitativer Merkmale. Der Begriff setzt sich aus den beiden griechischen Begriffen bios das Leben und metros, das Maß, zusammen. Bisher wurden bereits biometrische Merkmale wie Augenfarbe und Körpergröße in Reisedokumenten erfasst. (4)

James-Bond-Fantasien wie Iris-Scan, elektronisch erfasster Fingerabdruck wie auch Gesichts-, Sprach-, Unterschriften- oder Handflächenerkennung sind bereits hierzulande praktizierte Anwendungen. Alle diese Verfahren beweisen ihre Alltagstauglichkeit,

bisher allerdings nur mit geringer wirtschaftlicher Bedeutung, denn viele Anwendungen sind für Privatwirtschaft und kunden heute immer noch viel zu teuer. (3)
Die Masse an Passwörtern und Zahlenkombinationen, die der Mensch vor allem im Internet für nahezu alle Anwendungen benötigt, sind kaum noch zu beherrschen. Wie einfach wäre es da, wenn alle Passwörter über den persönlichen Fingerabdruck abrufbar wären. (8)

Schon in den Achtzigerjahren wurde an computergestützter Gesichtserkennung gearbeitet. Seit September 2001 sind allerdings hunderte Millionen Dollar an zusätzlichen Forschungsgeldern in dieses Segment der Biometrie geflossen. Auf Flughäfen, in Bahnhöfen, Sportstadien und Spielkasinos: In den USA kommt jeder Bürger fast täglich mit Bilderkennungssystemen in Berührung. So zuverlässig die Technik inzwischen ja bei Standbildern arbeitet, so schwer tut sie sich noch damit, Personen in großen sich bewegenden Menschenmengen zu identifizieren. (7)
Im Jahre 2003 bekam die Biometrie einen großen Schub durch das Verlangen eines Fingerabdrucks von Seiten der amerikanischen Regierung bei Beantragung eines Visums. Staatliche Stellen haben beim Vormarsch der Biometrie eine Schlüsselstellung, weshalb auch das amerikanische Biometrie-

Unternehmen Viisage den ehemaligen CIA-Direktor George Tenet zum Verwaltungsratsmitglied gemacht hat. (8)

Beim Branchenverband Bitkom gibt es eine Arbeitsgruppe, die sich um "Homeland Security" kümmert und die aus 50 Firmen besteht. (6)

Deutsche Unternehmen haben im Bereich Biometrie die Nase ganz vorn, so rechnen viele Unternehmen mit einer Vervielfachung des Auftragsvolumens noch in diesem Jahr. Dieses Thema wird den Konsumenten in Zukunft tagtäglich begegnen, im Auto, zu Hause oder beim Einkaufen und in der Arbeit. (3)

Die Bitkom hat zusammen mit anderen Interessenverbänden eine Biometrielandkarte herausgegeben. Diese Karte verzeichnet alle deutschen Unternehmen, die in dieser Industrie vertreten sind. Viele der Unternehmen bestehen nur aus einer Hand voll Mitarbeitern. Allerdings muss man nach Ansicht der Experten auch nicht groß sein, um in dieser Branche zu überleben, es geht schließlich um hoch spezialisierte Anwendungen und dafür muss man "nur" innovativ sein. (3)

Durch die Einführung des E-Pass erhält die Biometrie einen großen Schub

Die Generaldirektion Informationsgesellschaft und Medien der EU-Kommission arbeiten an einem neuen Aktionsplan zur Einführung einer elektronischen Identitätskarte. (2)
Probleme bestehen bei der EU-weit einheitlichen Einführung in nationalen Gesetzen und Richtlinien. So verbietet die ungarische Verfassung einheitliche Ausweise und in Deutschland gehört die amtliche Kennkarte zwar zur bürgerlichen Grundausstattung, allerdings hat das Bundesverfassungsgericht im Volkszählungsurteil der Fortentwicklung zu einer elektronischen ID-Karte gesetzliche Schranken auferlegt. So darf kein allgemeines Personenkennzeichen, welches als Identifikator in unterschiedlichen Datenbanken dienen könnte, eingeführt werden.
Estland hingegen hat bereits 2002 mit der Einführung von digitalen Ausweisen im Scheckkartenformat begonnen und damit schon 880 000 der insgesamt 1,35 Millionen Einwohner ausgerüstet.
Aber in England wiederum gibt es weder einen konventionellen Personalausweis noch ein Melderegister. (2)

Seit dem 1. November 2005 hat Deutschland nun trotz aller rechtlichen Probleme den E-Pass. So wird jeder deutsche Reisepass mit einem Chip ausgestattet, auf dem neben den herkömmlichen biometrischen Daten wie Körpergröße und Augenfarbe auch das frontal

fotografierte Gesicht des Passinhabers gespeichert wird. Damit ist in Deutschland das EU-Passgesetz schneller als in jedem anderen Land realisiert worden. Und das pusht auch die deutsche Biometriewirtschaft enorm. (3)
Ab März 2007 wird es im Pass einen weiteren Chip geben, der die Abdrücke beider Zeigefinger speichert. (3)

Die bisher geltenden ICAO-Standards ermöglichen nur der ausstellenden Behörde einen Schreibzugriff auf den Reisepass-Chip. So müssen Visa auch weiterhin normal gestempelt werden. Erst in der nächsten Generation der Reisepässe nimmt der Chip auch Reisedaten auf. Allerdings wird die entsprechende Spezifikation wohl noch bis 2010 dauern. (9)

1983 war die Bevölkerung gegen derartige "Bespitzelung" sensibler. Wegen der Volkszählung gingen die Massen auf die Straßen. Heute ärgern sich die Bürger nur noch darüber, dass sie für den neuen Pass 59 statt bisher 26 Euro bezahlen müssen und auf den Bildern nicht mehr lächeln dürfen. Der September 2001 hat sich die Akzeptanz für zusätzliche Sicherheitsmaßnahmen deutlich erhöht. (3)

Die gestiegenen Sicherheitsanforderungen an Flughäfen bergen ein weiteres Potenzial für die Biometrie

Die Reaktion auf die weltweit gestiegenen Sicherheitsanforderungen stellt insbesondere für Flughäfen eine große Herausforderung dar. Ein großer Flughafen verzeichnet täglich Passagiermassen in der Größenordnung von 100 000 bis 200 000 Personen. Hinzu kommen noch mehrere zehntausend Angestellte. Experten gehen davon aus, dass bis 2008 weltweit mehr als fünf Milliarden US-Dollar für biometrische Lösungen ausgegeben werden und davon eben ein großer Teil in der Luftfahrt. (10) Im Hinblick auf die Sicherheitstechnik ist ein Großflughafen schwer zu betreuen. So können aufgrund der hohen und noch stetig weiter wachsenden Passagierzahlen die traditionellen Sicherungsverfahren den Anforderungen nicht mehr ausreichend gerecht werden und den Missbrauch von Identitäten nicht verhindern. (10)

Der Flughafen Seattle und der Tiefseehafen Seattle haben schon im August 2004 für ihre Mitarbeiter biometrische Zugangskontrollsysteme installiert. (10) Auch in England gibt es an den fünf Großflughäfen

Heathrow, Gatwick, Manchester, Birmingham und Stansted einen Feldversuch mit Iris-Erkennung. Die Iris des Auges der entsprechenden Teilnehmer wird vermessen. Sie können, nachdem sie in der Datenbank registriert sind, eine gesonderte Schnellabfertigung nutzen. In einer Ein-Personen-Kabine wird die Iris mit den Informationen aus der Datenbank abgeglichen. Die britische Regierung rechnet damit, dass innerhalb von fünf Jahren mindestens eine Million freiwillige Teilnehmer dieses Verfahren nutzen werden, da sie eine große Zeitersparnis beim Ankunftsprozess haben werden. (10)

Auch im privaten Sektor gibt es mit den Banken Interessenten für die Einführung der biometrischen Sicherheitsverfahren

Online-Banking erfreut sich immer größerer Beliebtheit. Damit steigen aber auch die Kundenerwartungen. Zwar fühlen sich die meisten (82 Prozent) Online-Banking-Kunden gemäß der Studie "Online-Banking 2006" der Pass Consulting Group aus dem Mai 2006 sicher, allerdings erwarten sie sich mehr Informationen zu neuen und sichereren

Autorisierungsverfahren.
So ist insbesondere das Interesse an Biometrie (17 Prozent) und Token/TAN-Generatoren (11 Prozent) gestiegen. (11)

Neben den "üblichen" Methoden wie Iris-Scan oder Fingerabdruck gibt es auch motorische Verfahren der Biometrie

Auch das Tippen am Computer ist ein individuelles Merkmal wie die Handschrift. Es sind individuelle Muster wie das häufige Vertauschen von bestimmten Buchstaben, die Geschwindigkeit und der Rhythmus des Tippens zu erkennen, oder auch das Finden selten benutzter Tasten. Die Universität Regensburg und die TU München haben die Software "Psylock" entwickelt die den PC-Nutzer an seinem Tippverhalten identifiziert. Hintergrund ist, dass Passwörter weitergegeben werden können, das Tippverhalten nicht. Anhand der Eingabe von zehn vorgegebenen Sätzen wird das Tippverhalten der Person identifiziert. Jedes Mal, wenn der Nutzer den PC einschaltet, bekommt er einen anderen Satz vorgegeben, der eingegeben werden muss. Psylock vergleicht das Tippverhalten mit den gespeicherten

Daten, wobei die Treffergenauigkeit sich mit der Länge des Satzes erhöht. Danach kann der Zugang zum PC freigegeben werden. Ebenso kann Psylock kontinuierlich mitlaufen und ständig das Tippverhalten analysieren, um auszuschließen, dass sich zwischenzeitlich ein anderer Nutzer an den PC setzt. (5)

Dieses Verfahren könnte auch bei Online-Klausuren zum Einsatz kommen, um sicher zu stellen, dass der Schreiber auch der wirklich der Prüfling ist. (5)

Die Einführung der Biometrie als Sicherheitssystem trifft aber nicht nur auf Zustimmung und birgt auch Risiken

Von Seiten der Datenschützer wird die Biometrie hinterfragt. Jeder Mensch hat nur einen Fingerabdruck und ein Gesicht. Wird dieser Umstand betrügerisch genutzt, ist es schwer zu beweisen, dass man es nicht war. Eine PIN oder Scheckkarte kann einfach neu bestellt werden, der Finger nicht. (3)

Es gibt auch Marktforscher, die die Ansicht vertreten, dass der Einsatz der Biometrie gar nicht in erster Linie der Sicherheit, sondern der Einsparung von

Sicherheitspersonal dient. Denn die Technik bietet das Potenzial zur Reduktion der Personalkosten. (8)

Tests an der Uni Regensburg haben ergeben, dass sich ein Fingerabdruck in nur zwölf Sekunden nachbilden lässt. (5)

Fallbeispiele

Zur CeBIT 2006 hat Hitachi erstmals in Europa sein biometrisches Verfahren zur Fingervenenerkennung vorgestellt. Ein mit einer Lichtquelle ausgestatteter Scanner sendet infrarotnahe Strahlen auf den Finger aus. Das Hämoglobin im Blut absorbiert das Licht wodurch dann der Verlauf der Venen sichtbar wird. Der Scanner nimmt diese "Venen-Landkarte" auf, wonach das System das für jeden Menschen eindeutige Muster extrahiert. Hieraus wird dann ein Template für die spätere Authentifizierung erstellt. Die Falscherkennungsraten des Systems sind laut Aussagen des Herstellers extrem gering, die Authentifizierung kann in sehr kurzer Zeit erfolgen. Der Vorteil dieses Verfahrens gegenüber der herkömmlichen Fingerabdruckerkennung besteht in der höheren Fälschungssicherheit. Normale

Fingerabdrücke können von jedem Gegenstand abgenommen und damit auch gefälscht werden. Hitachi meldet aus Japan bereits erste Implementierungen an Geldautomaten und bekommt auch von europäischen Banken positives Feedback. Auch Fujitsu-Siemens zeigte ein ähnliches Verfahren, welches als Handflächenvenenerkennung bereits vor wenigen Monaten vorgestellt wurde. (1)

Die hessische Polizei hat auf der CeBit eine Biometrielösung vorgestellt, die sie im vergangenen Jahr landesweit im Erkennungsdienst eingeführt hat. Finger- und Handabdrücke können digital aufgenommen und schnell an das Bundeskriminalamt weitergeleitet werden. Dieses gleicht die Daten automatisch in der Fingerabdruck-Datenbank ab. Sofern eine Übereinstimmung festgestellt wird, wird der Treffer auch noch von einem Spezialisten überprüft. So kann die Polizei auch mobil und schnell Personen identifizieren. (6)

Im Spielcasino Bad Homburg werden regelmäßig Besucher der großen Spielhalle vom Wachpersonal angesprochen und hinaus komplimentiert. Keiner dieser "Besucher" beschwert sich über dieses Vorgehen. Grund ist, dass diese Menschen spielsüchtig sind und vor sich selbst geschützt werden wollen. Daher haben sie ihr Gesicht in einer biometrischen Datenbank des Casinos speichern lassen. Da alle Besucher beim Betreten des Hauses gefilmt werden, kann die EDV Übereinstimmungen mit den gespeicherten Gesichtern erkennen und das entsprechende Foto ohne Angabe von Namen per Funk an das Wachpersonal weiterleiten. Dieses System ist von der Firma Bosch Sicherheitssysteme installiert worden. (3)

In Deutschland gibt es bisher mit Dermalog erst eine Firma, die ein komplettes System für automatische Fingerabdruck-Identifikation inklusive des Fingerabdruckscanners, der Datenbank und Software zum Auslesen der Daten anbietet.
Dermalog ist ein Spin-off aus der Hamburger Universität und erwirtschaftet 99 Prozent seiner Umsätze im Regierungsbereich. So betreut Dermalog in Brasilien eine Datenbank mit fünf Millionen Personen und täglich kommen 6 000 neue hinzu. Dieses sind alles Antragssteller für Personalausweise, die sie in Brasilien nur gegen Fingerabdruck bekommen. Nur in Deutschland hat Dermalog noch keine Vorzeigeprojekte. (3)

Die Lufthansa beteiligt sich seit zwei Jahren am Frankfurter Flughafen an einem Versuch der Bundespolizei zur Automatisierung der Grenzkontrollen. Passagiere erhalten die Möglichkeit, sich zusammen mit ihren persönlichen Daten aus dem Reisepass und ihrer Iris registrieren zu lassen.

Bei einem Grenzübertritt passieren sie eine automatische Kontrollspur, ohne sich an den langen Schlangen der traditionellen Schalter anstellen zu müssen. So können 15 bis 20 Minuten je Auslandsflug gespart werden. (3)

Der Chaos Computer Club hat aber auch modernste Fingerabdruckscanner bereits mit einfachsten Mitteln überlistet. (3)

Aldi hat den ersten Laptop mit Fingerabdrucksensor bereits im Handel gehabt. (8)

Zahlen & Fakten

Im Jahre 2004 hat das Soreon-Institut eine Marktstudie zum deutschen Biometriemarkt veröffentlicht. In Deutschland aber betrug im Jahre 2004 der Umsatz nur 12 Millionen Euro und steckt damit noch in den Kinderschuhen. Bis 2006 wird mit einem eher niedrigen Gesamtumsatz von 37 Millionen Euro gerechnet.

Allerdings schnellen diese Zahlen durch die Einführung des E-Passes bis 2009 hoch auf 377 Millionen Euro was einem durchschnittlichen jährlichen Wachstum von 100 Prozent entsprechen würde. Im Verhältnis zum amerikanischen Markt ist das allerdings immer noch harmlos, denn dort hat die Angst vor dem Terror die Umsätze in den letzten paar Jahren die Milliarden US-Dollar-Grenze überspringen lassen. Marktforscher erwarten, dass der Weltmarkt für biometrische Systeme in 2006 ein Volumen von 2,68 Milliarden US-Dollar erreichen wird. Das Wachstum wird in der Zukunft sicher noch sehr groß sein. So wird bereits für das Jahr 2008 mit der Verdoppelung des heutigen Umsatzes gerechnet. (3), (8)

Die Marktforscher von Frost&Sullivan gehen aufgrund der hohen Fragmentierung des Marktes davon aus, dass es im Zuge des großen Wachstums noch zu einer Reihe von Übernahmen kommen wird. So würde es innerhalb der Branche zu einer Konsolidierung kommen, aber auch bisher branchenfremde Unternehmen könnten in diesen lukrativen Markt eintreten wollen und entsprechende Player übernehmen. (8)

Weiterführende Literatur

(1) Schutz von Daten bei Notebook-Verlust
aus iX - Magazin für professionelle

Informationstechnik, 5/2006, S. 24

(2) Brüssel will biometrischen Personalausweisen den Weg ebnen
aus c't - Magazin für Computertechnik, 8/2006, S. 54

(3) Wie bei James Bond
aus DIE ZEIT Nr. 11

(4) Biometrie
aus DIE ZEIT Nr. 11

(5) Biometrie-Software ersetzt das Passwort
aus Handelsblatt Nr. 048 vom 08.03.06 Seite b03

(6) IT verbessert den Schutz der Bevölkerung
aus Handelsblatt Nr. 048 vom 08.03.06 Seite b02

(7) Hohensee, Matthias, Intelligenz für Faule, Wirtschaftswoche, Nr. 09, 23.03.2006, S. 116
aus Handelsblatt Nr. 048 vom 08.03.06 Seite b02

(8) Fingerabdruck statt Paßwort
aus Frankfurter Allgemeine Zeitung, 18.02.2006, Nr. 42, S. 18

(9) Die Industrie hofft auf den digitalen Personalausweis
aus c't - Magazin für Computertechnik, 4/2006, S. 58

(10) Biometrische Anwendungen an Flughäfen
Positive Resultate bei ersten Großanwendungen
aus Government Computing, Heft 02/2006, S. 10

(11) Die Anforderungen an Online-Banking steigen

aus Die SparkassenZeitung, 24.02.2006, Nr. 08, S. 22

Impressum

IT-Security - Biometrische Sicherheitssysteme sind auf dem Vormarsch

Bibliografische Information der deutschen Nationalbibliothek

Die Deutsche Nationalbibliothek verzeichnet diese Publikation in der deutschen Nationalbibliografie; detaillierte bibliografische Daten sind im Internet über http://dnb.d-nb.de abrufbar.

ISBN: 978-3-7379-2804-5

© 2015 GBI-Genios Deutsche Wirtschaftsdatenbank GmbH, Freischützstraße 96, 81927 München, www.genios.de

Alle Rechte vorbehalten. Dieses Werk ist einschließlich aller seiner Teile – z.B. Texte, Tabellen und Grafiken - urheberrechtlich geschützt. Jede Verwertung außerhalb der Grenzen des Urheberrechtsgesetzes bedarf der vorherigen Zustimmung des Verlags. Dies gilt insbesondere auch für auszugsweise Nachdrucke, fotomechanische

Vervielfältigungen (Fotokopie/Mikroskopie), Übersetzungen, Auswertungen durch Datenbanken oder ähnliche Einrichtungen und die Einspeicherung und Verarbeitung in elektronischen Systemen.